Der Körperbegriff in der Kunst von Ana Mendieta. Eine Analyse anhand von "Rape Scene" und "Siluetas"

Charlotte Friedrich

Bibliografische Information der Deutschen Nationalbibliothek:

Die Deutsche Nationalbibliothek verzeichnet diese Publikation in der Deutschen Nationalbibliografie; detaillierte bibliografische Daten sind im Internet über http://dnb.d-nb.de abrufbar.

ISBN: 9783389090718
Dieses Buch ist auch als E-Book erhältlich.

© GRIN Publishing GmbH
Trappentreustraße 1
80339 München

Druck und Bindung: Books on Demand GmbH, Norderstedt Germany
Gedruckt auf säurefreiem Papier aus verantwortungsvollen Quellen

Das Buch bei GRIN: https://www.grin.com/document/1521475

Wie definiert Ana Mendieta den Körperbegriff in ihren Kunstwerken – am Beispiel von „Rape Scene" und „Siluetas"?

Charlotte Friedrich

Semester: WS 2020/21

Philipps-Universität Marburg

FB 09 Germanistik und Kunstwissenschaften

Institut für Medienwissenschaft

Inhaltsverzeichnis:

1. Einleitung

Seit jeher ist der weibliche Körper in unserer Gesellschaft geprägt von einem bestimmten Schönheitsideal. Sei es im barocken Zeitalter des 17. und 18. Jahrhunderts, indem es das Ideal war einen kurvigen Körper zu präsentieren oder in der heutigen Zeit durch Modelmaße à la 90-60-90. Der weibliche Körper ist somit ein ständig sexualisiertes Objekt, geschaffen durch das Patriarchat. Es ist nach wie vor ein, auch noch im 21. Jahrhundert, Denken des klassischen Frauenbildes. Frauen werden zumeist reduziert auf die drei K's: Kinder, Küche, Kirche. Damit wollen weibliche Künstlerinnen in den 70er Jahren ein Ende hervorrufen. Sie wollten das vierte K - Künstlerinnen sein[1]. Bis dahin war die weltweite Kunstszene und der somit einhergehende künstlerische Kanon von männlichen Künstlern geschaffen und geprägt. Durch feministische Künstlerinnen wie Ana Mendieta , sollte dieser Kanon aufgebrochen werden. „Kunst von Frauen wird automatisch als feministisch betitelt - ein Missverständnis"[2]. Vielmehr ging es Künstlerinnen wie Mendieta darum das zu tun was sie liebte und was sie erfüllte und sicherlich ging es ihr ebenfalls auch darum, das klassische Rollenbild aufzubrechen und den weiblichen Körper zu enterotisieren.

In der folgenden Arbeit wird der Fragestellung nachgegangen wie Ana Mendieta den Körperbegriff in ihren Kunstwerken definiert und wie sie sich mit ihren Werken gegenüber dem über das Schönheitsideal definierten Körperbegriff abgrenzt. Ihre sehr bedeutenden Werke wie „Rape Scene" und die „Siluetas" werden hierbei genauer in Betracht gezogen und analysiert. Ziel dieser Arbeit wird es sein, die Intentionen der Künstlerin herauszuarbeiten.

2. Vorstellung der Künstlerin Ana Mendieta

Ana Mendieta ist seit den 1970er Jahren eine bedeutende feministische Künstlerin. Ihre Arbeiten hat sie sehr vielfältig angelegt und nicht nur auf ein Medium beschränkt, was ihre Kunstwerke und Arbeitsweise sehr einzigartig macht. Sie schuf entscheidende Kunstwerke im Bereich der Performance-

---

[1] My Body – My Art. Frauen. Körper. Kunst. Regie von Lisa-Marie Schnell, ZDF, 2021, Minute 8:30.
[2] My Body – My Art. Frauen. Körper. Kunst. Regie von Lisa-Marie Schnell, ZDF, 2021, Minute 10:20.

kunst, Konzeptkunst, Land-Art, Fotografie und Film. Viele ihrer Arbeiten lassen Rückschlüsse auf ihre Vergangenheit zu. Am 18. November 1948 wird Ana Mendieta in Havanna auf Kuba geboren und wächst dort mit ihrer Schwester in einer regimekritischen Familie auf. Ihr Vater wird als Spion verhaftet. Im Alter von 12 Jahren schicken sie ihre Eltern von Kuba nach Iowa im Rahmen der US staatlichen Operation „Peter Pan" mit dem Versprechen der späteren Familienzusammenführung[3]. Dort lebt Mendieta in verschiedenen Kinderheimen und Pflegefamilien[4], wo sie Einsamkeit und Misshandlungen ausgesetzt ist[5].

1967 beginnt sie ein Studium der Kunst und der Kultur indigener Völker an der Iowa State University. Anschließend nimmt sie im Jahr 1970 ein aufbauendes Studium der Malerei auf. Erstmaligen Kontakt zu der künstlerischen Avantgarde hat sie in den 1970er Jahren. Dort kommt sie mit der Künstlerbewegung des Wiener Aktionismus in Berührung[6]. Nach ihrem Abschluss des „Master of Fine Arts" gibt Mendieta die Malerei auf, um sich nun der Performancekunst zu widmen. Ihre ersten Werke sind „Death of a Chicken" und „Grass on Woman" aus dem Jahr 1972[7]. In vielen Kunstwerken wird die Gewalt gegenüber Frauen thematisiert. Ihr eigener Körper ist oftmals ein wichtiger Teil ihrer Werke, so auch in den Werken „Rape Scene" und „Siluetas", welche Gegenstand meiner Arbeit sind.

Im Jahr 1978 zieht Mendieta schließlich nach New York, um sich dort im künstlerischen Kanon zu etablieren. Dort wird sie Mitglied der Frauen-Galerie A.I.R., durch die sie ihre erste Soloausstellung 1978 eröffnet[8]. Dort lernt sie ihren späteren Ehemann Carl Andre kennen, den sie am 17. Januar 1985 in Rom heiratet. Zu dieser Zeit lebt Mendieta in Rom, um dort einen Auftrag für das „Mac Arthur Park Public Art Program" zu entwerfen. Anschließend kehrt

---

[3] Invernizzi, Alice. „Die provokative Kunst und der mysteriöse Tod von Ana Mendieta". Barnebys Magazin, 20.10.2020. https://www.barnebys.de/blog/die-provokative-kunst-und-der-mysteriose-tod-der-ana. Zugriff: 15.03.2021.

[4] Vogel, Sabine B. „Ana Mendieta: Museum der Moderne". Global Art Critik, 01.04.2014. http://sabinebvogel.at/ana-mendieta-museum-der-moderne-salzburg/. Zugriff: 15.03.2021.

[5] Leßmann, Sabina. „Ana Mendieta, Performance, Foto, Zeichnung, Skulptur – Eine Retroperspektive". FKW Journal, Ausgabe 23, 1997. https://www.fkw-journal.de/index.php/fkw/article/view/592/589. Zugriff: 16.03.2021.

[6] Viso, Olga. *Unseen Mendieta: The Unfinished Works of Ana Mendieta.* Prestel, 2008, S. 16.

[7] Rosenthal, Stephanie. *Feministische Avantgarde: Der Zustand des Dazwischen.* Prestel, 2015, S.295.

[8] Viso a.a.O., S. 17.

sie im August 1985 zurück nach New York. Durch einen Sturz aus dem 34. Stock ihres New Yorker Apartments kommt Mendieta schließlich auf tragische Weise ums Leben[9]. Es ist nach wie vor umstritten, ob es eine Selbsttötung war, oder Carl Andre ihren Tod verschuldet hat. Während der Ermittlungen wurde er jedenfalls verhaftet, jedoch später vom Gericht wegen Mangels an Beweisen freigesprochen. Nach Zeugenberichten haben sich Ana Mendieta und Carl Andre am Abend ihres Todes gestritten, da sie sich von ihm scheiden lassen wollte[10]. Mendietas Tod ist bis heute eine polarisierende, feministische Bewegung mit dem Titel „Where is Ana Mendieta", in dem das Patriarchat angeprangert wird.

Ana Mendieta spielt bis heute eine bedeutende Rolle in der feministischen Kunstszene. Jedoch ist sie laut Kunsthistoriker_innen während ihrer gesamten Schaffenszeit keiner anerkannten Kategorie zuzuordnen und schafft somit ihren eigenen Bereich des „Dazwischen Seins"[11].

3. Beschreibung des Körperbegriffs am Beispiel von „Rape Scene"

Eine der bekanntesten Arbeiten von Ana Mendieta ist die 1973 entstandene Performance Art „Rape Scene". Es handelt sich um eine Farbfotografie, im Hochformat 8x10[12]. Hier stellt Mendieta in ihrem Apartment in Iowa eine authentische Vergewaltigungsszene nach[13]. Hierzu lädt sie ihre männlichen Freunde und Kommilitonen zu sich nach Hause ein. Als diese an ihrer Wohnung eintreffen, betrachten sie zunächst einen dunklen Raum mit einer angelehnten Tür. In diesem Raum befindet sich die Künstlerin unter einer einzigen Lichtquelle, die überwiegend ihren Körper von der Taille abwärts dramatisch beleuchtet. Sie liegt vorgebeugt und gefesselt über einem Tisch. Die Kamera nimmt die Blickrichtung in den Raum und zeigt den Unterkörper von Mendieta in leicht seitlicher Perspektive am linken Bildrand. Die Kamera nimmt nicht die Blickrichtung des Täters ein, sondern die der hereinkommenden

---

[9] Invernizzi a.a.O.
[10] Ebd.
[11] Rosenthal a.a.O., S. 295.
[12] Heuer, Megan. „Ana Mendieta: Earth Body, Sculpture and Performance". The Brooklyn Rail, 09.2004. https://brooklynrail.org/2004/09/art/ana-mendieta-earth-body-sculpture-and-pe. Zugriff: 20.03.2021.
[13] Abb. 1

Betrachter der Szenerie. Ihr linkes Bein ist gestreckt, das rechte leicht ange-
winkelt. Von der Taille abwärts ist sie unbekleidet und blutverschmiert, das
Blut ist bereits geronnen und angetrocknet. Ihre ebenfalls blutverschmierte
Unterhose liegt heruntergerutscht über ihren Füßen. Ihr Oberkörper ist mit
einem karierten Hemd bekleidet und liegt im rechten Winkel zu ihrem Unterkörper auf der Tischplatte. Mendietas Kopf ist nicht zu sehen, da er sich im
Schatten ihres Oberkörpers befindet. Zigarettenstummel und Glasscherben
liegen um sie herum. Die Szene dokumentiert ein fast sachliches Bild vom
Tatort des Verbrechens[14].

3.1 Intention der Künstlerin

Mit dem Werk „Rape scene" reagierte Mendieta auf eine so geschehene
Vergewaltigung und Ermordung einer Kommilitonin auf dem Campus der Iowa University[15]. Durch die Nachstellung des von der Kriminalforensik ermit-
telten Geschehens zeigt sie ihre direkte Identifikation mit dem Opfer[16]. Für
ihre Performance wählt sie bewusst keine öffentlich zugänglichen Räume,
wie z.B. eine Theaterbühne, sondern ihre eigene Wohnung, um die persönliche Nähe und ihre Anteilnahme an dem Verbrechen zu verdeutlichen[17].
Nach eigenem Bekunden hat sie die Vergewaltigung sehr bewegt und er-
schreckt. Ihre Arbeit war ihre persönliche Antwort auf die Vergewaltigung
ihrer Kommilitonin[18]. Ihre eigene Betroffenheit hat sie auf das anwesende,
männliche Publikum übertragen. Noch während der Performance, als sie
bewegungslos auf dem Tisch liegt, beginnen ihre Kommilitonen, über die
Szene zu sprechen[19]. Später erklärt sich Mendieta zu Ihrem Werk „Rape
Scene", dass sie das Werk „als Reaktion auf die Idee der Gewalt gegen
Frauen" geschaffen habe[20]. Mit dieser Formulierung macht sie deutlich, dass

---

[14] Ebd.
[15] Bunyan, Dr. Marcus. „Ana Mendieta: Tree of Life". Art Blart, 2014. https://artblart.com/tag/ana-
mendieta-tree-of-life/. Zugriff: 21.03.2021.
[16] „Mendieta, Ana – Untitled (Rape/Murder Scene) 1973". With Reference to Death, 24.05.2015.
https://withreferencetodeath.philippocock.net/blog/mendieta-ana-untitled-rapemurder-scene-1973/.
Zugriff: 21.03.2021.
[17] Ebd.
[18] Ebd.
[19] Ebd.
[20] Ebd.

sie nicht nur den Gewaltakt als solchen anprangern will. Vielmehr setzt sie mit ihrer Äußerung schon zeitlich früher an, indem sie bereits die Idee- somit das bloße Vorhaben- einer Vergewaltigung angreift.

Durch den Einsatz ihres eigenen Körpers in dieser insgesamt einstündigen Performance lässt sie die Distanz zwischen Kunst und Leben schrumpfen[21].

3.2 Werksrezeption

Mit ihrer Arbeit setzt sich Mendieta mit der sexuellen Gewalt und den Wunden des weiblichen Körpers und ihrer Seele auseinander[22]. Auch hier steht, wie in all ihren Arbeiten der weibliche Körper im Mittelpunkt des Werks[23]. Kraftvoll und schockierend zugleich setzt sie ihren blutverschmierten Körper ein, um das Unglaubliche darzustellen[24]. Sie will die sexuelle Gewalt ins Licht der Öffentlichkeit rücken und das Tabu des Schweigens brechen[25]. Ihren geschundenen und blutüberströmten Körper in einer von Zerstörung gezeichneten Umgebung setzt sie bei der „Rape Scene" als Mittel ein, um einen Akt der Gewalt gegen Frauen aufzuzeigen[26].

Bei der Darstellung der Vergewaltigungsszene verzichtet sie anlassentsprechend auf jegliche Form der Ästhetik im Sinne eines Schönheitsideals oder einer Makellosigkeit. Vielmehr schockiert sie mit Blut, einem niedergeschlagenen Körper, harten Kontrasten, sowie einer zerstörten und heruntergekommenen Wohnung. In ihrer Szene stellt sie sowohl die Erschöpfung als auch die Hilflosigkeit des Vergewaltigungsopfers dar. Weder der Kopf noch das Gesicht sind zu sehen. Eine Personalisierung findet nicht statt.

Das abgebildete Opfer steht stellvertretend für Frauen, die Gewalt erfahren haben. Mit der Dunkelheit des Raumes suggeriert Mendieta das Alleinsein

---

[21] Heuer, a.a.O.
[22] Leßmann, a.a.O.
[23] Gamedze, Thulile. „Ana Mendieta". Berlinbiennale. https://bb10.berlinbiennale.de/de/kuenstlerinnen/A/ana-mendieta. Zugriff: 21.03.2021.
[24] „Mendieta, Ana – Untitled (Rape/Murder Scene) 1973", a.a.O.
[25] Schor, Gabriele. *Feministische Avantgarde: Eine radikale Umwertung der Werte.* Prestel, 2015, S. 64.
[26] Schor, a.a.O., S. 65.

und die Hilflosigkeit auch nach der Tat. Mit ihrer selbstverletzenden Aktion zeigt sie die Grenzen der Belastbarkeit auf[27].

4. Beschreibung des Körperbegriffs am Beispiel von „Earth Body Works"

Zu den von Mendieta so bezeichneten „Earth Body Works" gehören die zwischen 1972 und 1982 entstandenen „Siluetas Series"[28]. Es handelt sich um Fotografien und Filmaufnahmen. Die Gemeinsamkeit der Werke besteht darin, dass die Silhouette ihres eigenen Körpers Gegenstand in Landschaften Pflanzen, Feuer und Wasser ist[29]. Beispielhaft werden zwei Werke Mendietas aus den „Siluetas Series" im Folgenden beschrieben.

Das erste hier zu betrachtende Bild – ein Farbfoto ohne Titel in Hochformat - zeigt eine im Sand liegende Silhouette eines Frauenkörpers[30].Das Werk ist im Jahr 1977 in Mexiko entstanden, wo sich Mendieta in den Sommermonaten aufhielt[31]. Der aus Sand geformte Frauenkörper, liegt auf dem Rücken an einem Sandstrand nahe an der Wasserlinie. Der Blick auf das Bild ist im Wesentlichen auf den erhabenen Körper fokussiert - der umgebende Sandstrand ist flach und wenig strukturiert. Die Kamera richtet ihren Blick vom Kopf herab in Richtung Füße. Nur die Vorderseite des Körpers ragt reliefartig aus dem Sandboden empor. Der Körper ist mit enganliegenden Gliedmaßen geformt. Scharfe Konturen, die Arme und Beine vom Körper abheben, existieren nicht. Lediglich die äußere Form des Körpers ist scharf umrissen. Gesichtszüge sind nicht erkennbar. Die Figur ist mit roter Farbe in vertikalen Linien vom Kopf bis zu den Füßen versehen. Im Wesentlichen zeichnen die roten Linien die Gliedmaßen ab.

---

[27] „Feministische Avantgarde der 1970er-Jahre aus der Sammlung Verbund, Wien". Art-in, 21.11.2017. https://www.art-in.de/ausstellung.php?id=5794#. Zugriff: 22.03.2021.
[28] Walbers, Ninja. *Ich bin eine Pflanze: Am eigenen Leib*. Kerber Verlag, 2015, S. 110.
[29] Ebd.
[30] Abb. 2
[31] Camhi, Leslie. „ART; Her Body, Herself". The New York Times, 20.06.2004. https://www.nytimes.com/2004/06/20/arts/art-her-body-herself.html?searchResultPosition=1. Zugriff: 22.03.2021.

Das zweite ausgewählte Bild aus der „Silueta Series" – ebenfalls ein Farbfoto im Hochformat - stammt aus dem Jahr 1976 und trägt den Titel „Tree of Life"[32]. Es gehört zu den Bildern, die zu Beginn dieser Serie geschaffen wurden[33]. Das Bild zeigt Mendietas nackten Körper, der sich mit dem Rücken eng an einen mächtigen Baumstamm schmiegt. Mendietas erhobene Arme wirken wie Äste, die zu dem Baum gehören. Ihr Körper ist mit lehmfarbenem Schlamm und Gras bedeckt[34]. So gleicht sich der Frauenkörper farblich und von der Oberflächenstruktur dem Baumstamm und der Umgebung an[35]. Es findet eine Verwandlung ihres Körpers mit dem Baum statt. Mendieta ist regelrecht mit dem Baum verwachsen[36].

4.1 Intention der Künstlerin

Mit dem von Mendieta kreierten Begriff "Earth Body Works"[37] sind die Werke der „Silueta Series" eng verbunden. Gemeint sind Silhouetten ihres weiblichen Körpers, die in der Landschaft installiert werden. Unter Einsatz ihres Körpers und elementarer Materialien schafft sie ihre Körperbilder. Zur Eröffnung der Ausstellung in der Düsseldorfer Kunsthalle von Nov. 1996 bis Januar 1997 werden Mendietas Worte zitiert: „Basierend auf den Umriss meines eigenen Körpers habe ich einen Dialog geführt zwischen der Landschaft und dem weiblichen Körper (…). Durch meine Erde-Körper-Skulpturen werde ich Eins mit der Natur"[38].

Mit ihren „Siluetas" will Mendieta eine Verbindung ihres Körpers zur Natur schaffen, um eine verlorene Verbindung wieder herzustellen[39]. Zum einen ist hiermit eine Verbindung zu einer ganzheitlichen Welt gemeint[40]. Zwischen ihr und der Natur, die nach ihrem Verständnis weiblich ist, soll ein Dialog entste-

---

[32] Abb. 3
[33] Heuer, a.a.O.
[34] Ebd.
[35] Walbers, a.a.O., S. 111.
[36] Ebd.
[37] Walbers, a.a.O., S. 110.
[38] Lessmann, a.a.O., S. 6.
[39] Walbers, a.a.O., S. 110.
[40] Ebd.

hen. Sie spricht von der nahrungsspendenden „Mutter Natur"[41]. Ebenso soll eine Wiederherstellung des ursprünglichen Glaubens an die allgegenwärtige, weibliche Kraft erfolgen, die sich in der Geborgenheit der Leibesfrucht im Mutterleib manifestiert[42].

Zum anderen will sie ihrer biographisch bedingten Sehnsucht entsprechend die Verbindung zu ihrer verlorenen Heimat, Kuba, herstellen[43]. Ihrem als Kind erlebten Trauma der Entwurzelung und dem damit verbundenen Schmerz dem Mutterleib entrissen worden zu sein will sie mit den „Siluetas" Ausdruck verleihen[44]. Die „Siluetas" sind ihr Weg, die Rückkehr zu ihrer mütterlichen Quelle wiederherzustellen[45].

4.2. Werksrezeption

Die „Siluetas" gelten als die kompliziertesten und erfolgreichsten intermedialen Arbeiten Mendietas[46]. Den Arbeiten wohnt eine magische Kraft inne. Mendieta lässt ihre Kunst zu Teilen der Natur werden in ihrer Vollkommenheit, Vitalität und Vergänglichkeit[47]. Mit ihren Werken verändert sie die Landschaft nicht[48]. Stattdessen bringt sie mit den „Siluetas" ihr sensibles Naturverständnis zum Ausdruck, indem sie ihren Körper mit der Natur verschmelzen lässt[49]. So werden in Ihrem Werk „Tree of life" ihre emporgehobenen Arme zu organisch anmutenden Zweigen des Baumes, vor dem sie steht. Sie passt sich als lebende Skulptur ihrer pflanzlichen Umgebung an[50]. Es findet eine Metamorphose des menschlichen Körpers in einen Baum statt, einhergehend mit einer visuellen Auflösung ihres Körpers[51].

Ebenso verhält es sich mit der am Strand liegenden Sandsilhouette ihres Körpers. Hier verschmilzt der Körper mit der Umgebung spätestens, wenn die Flut

---

[41] Ebd.
[42] Lessmann, a.a.O., S.65.
[43] Ebd.
[44] Walbers, a.a.O., S. 111.
[45] Lessmann, a.a.O., S. 65.
[46] Heuer, a.a.O.
[47] Lessmann, a.a.O., S. 66.
[48] Heuer, a.a.O.
[49] Ebd.
[50] Walbers, a.a.O., S. 111.
[51] Ebd.

das Gebilde wieder vereinnahmt und eine vollkommene Einheit des weiblichen Körpers mit der Natur wieder hergestellt ist.

Sowohl die flüchtige Silhouette aus Sand als auch ihr Verwachsensein mit dem Baum stellt einen Akt der Vergegenwärtigung der eigenen Sterblichkeit dar[52]. Nur die Fotodokumentation ihrer Arbeit bleibt dauerhaft; das Original ihrer Performance ist hingegen vergänglich.

Zur Herstellung Ihrer „Silueta Series" benötigt Mendieta lediglich ihren Körper und Bestandteile der Natur, wie sie sie an Ort und Stelle vorfindet. Sie benutzt Ihren Körper gleichsam wie der Maler einen Pinsel als bildschaffendes Werkzeug[53].

5. Fazit

Ana Mendieta als Vertreterin der feministischen Avantgarde hat mit ihrer künstlerischen Definition vom Körperbegriff keine Gemeinsamkeiten mit dem Schönheitsideal im Sinne von Makellosigkeit. In ihren Werken beschreibt sie nicht die visuell wahrnehmbare äußere Hülle des weiblichen Körpers, sondern thematisiert über ihre „Earth Body Arbeiten" die Fragen nach Identität, Herkunft und der Verbundenheit mit der Natur.

Ebenso ist sexuelle Gewalt gegen Frauen ein Thema, das sie mit ihrem Körper in dem Werk „Rape Scene" interpretiert.

Sie nutzt ihren Körper als Medium für ihre Aussagen zum Thema Vergänglichkeit oder Gewalt. Von Ihren Arbeiten bleiben zumeist nur Fotos und Filme, die eigentlichen Performancekunstwerke sind hingegen flüchtig. Sie arbeitet mit Ihrem Körper als Werkzeug. Nach ihrem Verständnis ist der weibliche Körper nicht bloßes Objekt im Sinne von Voyeurismus.

---

[52] Ebd.
[53] Wiensowoski, Ingeborg. „Blutlache vor der Haustür". Spiegel Kultur, 23.09.2008.
https://www.spiegel.de/kultur/gesellschaft/performance-kunst-blutlache-vor-der-haustuer-a-579785.html. Zugriff: 25.03.2021.

„Als Künstlerin aus bester kubanischer Familie rebelliert sie damit nicht nur gegen ihre quasiaristokratische Erziehung, sondern auch gegen die konzeptuelle, «saubere» Kunst ihrer amerikanischen, männlichen Zeitgenossen"[54].

Mendieta hat es nach meinen Recherchen geschafft, mit ihren Arbeiten einen wichtigen Teil zur künstlerischen Frauenbewegung der 70er Jahre beizutragen. Ihre feministische Kunst stärkt nicht nur die Frauenrechte, sondern erweitert bzw. ersetzt auch den von der männlichen Kunstszene geschaffenen und dominierten Kanon.

Mit ihren Werken, insbesondere der in der Arbeit beschriebenen „Rape Scene", bricht Mendieta das Schweigen über ein bislang tabuisiertes Thema der Gewalt gegen Frauen. Sie gibt nicht nur der Kunstwelt sondern auch der Gesellschaft Themen, die bislang zumindest in dieser Form nicht angesprochen wurden.

Mendietas Körpereinsatz verstehe ich nach der Lektüre zu dieser Hausarbeit als wohltuende Provokation gegenüber der männlichen Avantgarde der Kunstszene. Sie eröffnet mit ihren Arbeiten eine neue Sichtweise mit immer noch aktuellem Bezug zur Rolle der Frau und zu ihrer Stellung in der Gesellschaft fernab eines normierten Schönheitsbegriffs ihrer männlichen Kollegen.

Um ihren inhaltlich kritischen Sichtweisen und Themen Ausdruck zu verleihen, bedient sich Mendieta neuer Medienformen wie Fotografie, Videoarbeiten und Performancekunst. Mit ihrer medialen Wahl grenzt sie sich auch in der Form von der männlichen Kunstwelt und ihrer kunsthistorischen Traditionen ab. Mit diesen Medienformen ist sich in der Lage, aktuelle Themen zeitnah künstlerisch umzusetzen.

Abschließend ist zu sagen, dass Ana Mendieta zu den Pionier_innen der feministischen Kunstbewegung zählt und den Körperbegriff wegweisend im Sinne der Frauenbewegung definiert hat.

---

[54] Bühler, Kathleen. „Spuren im Sand". NZZ, 13.01.2003. https://www.nzz.ch/article8ITMX-1.197988. Zugriff: 28.03.2021.

Literaturverzeichnis:

Rosenthal, Stephanie. *Feministische Avantgarde: Der Zustand des Dazwischen*. Prestel, 2015.

Schor, Gabriele. *Feministische Avantgarde: Eine radikale Umwertung der Werte*. Prestel, 2015.

Viso, Olga. *Unseen Mendieta: The Unfinished Works of Ana Mendieta*. Prestel, 2008.

Walbers, Ninja. *Ich bin eine Pflanze: Am eigenen Leib*. Kerber Verlag, 2015.

Internetquellen:

Bunyan, Dr. Marcus. „Ana Mendieta: Tree of Life". Art Blart, 2014. https://artblart.com/tag/ana-mendieta-tree-of-life/. Zugriff: 21.03.2021.

Bühler, Kathleen. „Spuren im Sand". NZZ, 13.01.2003. https://www.nzz.ch/article8ITMX-1.197988. Zugriff: 28.03.2021.

Camhi, Leslie. „ART; Her Body, Herself". The New York Times, 20.06.2004. https://www.nytimes.com/2004/06/20/arts/art-her-body-herself.html?searchResultPosition=1. Zugriff: 22.03.2021.

„Feministische Avantgarde der 1970er-Jahre aus der Sammlung Verbund, Wien". Art-in, 21.11.2017. https://www.art-in.de/ausstellung.php?id=5794#. Zugriff: 22.03.2021.

Gamedze, Thulile. „Ana Mendieta". Berlinbiennale. https://bb10.berlinbiennale.de/de/kuenstler-innen/A/ana-mendieta. Zugriff: 21.03.2021.

Heuer, Megan. „Ana Mendieta: Earth Body, Sculpture and Performance". The Brooklyn Rail, 09.2004. https://brooklynrail.org/2004/09/art/ana-mendieta-earth-body-sculpture-and-pe. Zugriff: 20.03.2021.

Invernizzi, Alice. „Die provokative Kunst und der mysteriöse Tod von Ana Mendieta". Barnebys Magazin, 20.10.2020. https://www.barnebys.de/blog/die-provokative-kunst-und-der-mysteriose-tod-der-ana. Zugriff: 15.03.2021.

Leßmann, Sabina. „Ana Mendieta, Performance, Foto, Zeichnung, Skulptur – Eine Retroperspektive". FKW Journal, Ausgabe 23, 1997. https://www.fkw-journal.de/index.php/fkw/article/view/592/589. Zugriff: 16.03.2021.

„Mendieta, Ana – Untitled (Rape/Murder Scene) 1973". With Reference to Death, 24.05.2015. https://withreferencetodeath.philippocock.net/blog/mendieta-ana-untitled-rapemurder-scene-1973/. Zugriff: 21.03.2021.

Vogel, Sabine B. „Ana Mendieta: Museum der Moderne". Global Art Critik, 01.04.2014. http://sabinebvogel.at/ana-mendieta-museum-der-moderne-salzburg/. Zugriff: 15.03.2021.

Wiensowoski, Ingeborg. „Blutlache vor der Haustür". Spiegel Kultur, 23.09.2008. https://www.spiegel.de/kultur/gesellschaft/performance-kunst-blutlache-vor-der-haustuer-a-579785.html. Zugriff: 25.03.2021.

Videoquellen:

My Body – My Art. Frauen. Körper. Kunst. Regie von Lisa-Marie Schnell, ZDF, 2021.

Bildquellen:

Abb. 1: Online verfügbar unter:

https://withreferencetodeath.philippocock.net/blog/mendieta-ana-untitled-rapemurder-scene-1973/

[Die Abbildung ist aus urheberrechtlichen Gründen nicht im Lieferumfang enthalten.]

Abb. 2: Online verfügbar unter:

https://www.artsy.net/artwork/ana-mendieta-silueta-works-in-iowa-6

[Die Abbildung ist aus urheberrechtlichen Gründen nicht im Lieferumfang enthalten.]

Abb. 3: Online verfügbar unter:

https://blogs.uoregon.edu/anamendieta/2015/02/20/siluetas-series-1973-
78/

[Die Abbildung ist aus urheberrechtlichen Gründen nicht im Lieferumfang enthalten.]